Christmas Word Search
12 words about santa

```
X U R S C T X B O J I W W I Y
S O W X H O Q T O C N F F I Q
L W K T I Y M T Q O A S F D Q
R F F B M S E Q A I U C Y Z B
V E K Y N S R S R H S O H L K
K Y I V E X L I U L G Q Q C C
T H C N Y U E E L U G I S K I
M D C E S K E D X H E E Z N N
J O L L Y E B U G C V E O L T
F U O J D H E H P L O D U R S
Z E U C G T D R E N K O W X Q
W F I I G Q J Z G E H W C M D
D X E L O Y P J H I W K X Z Y
N L N O R T H P O L E O S L Z
S T Y R V U D M Q A W K U Z A
```

Chimney　　　Rudolph
Elves　　　　Sled
Fairies　　　Sleigh
Jolly　　　　Sleigh Bells
North Pole　St. Nick
Reindeer　　Toys

Can you Spot the Difference? There is 12 in total!!

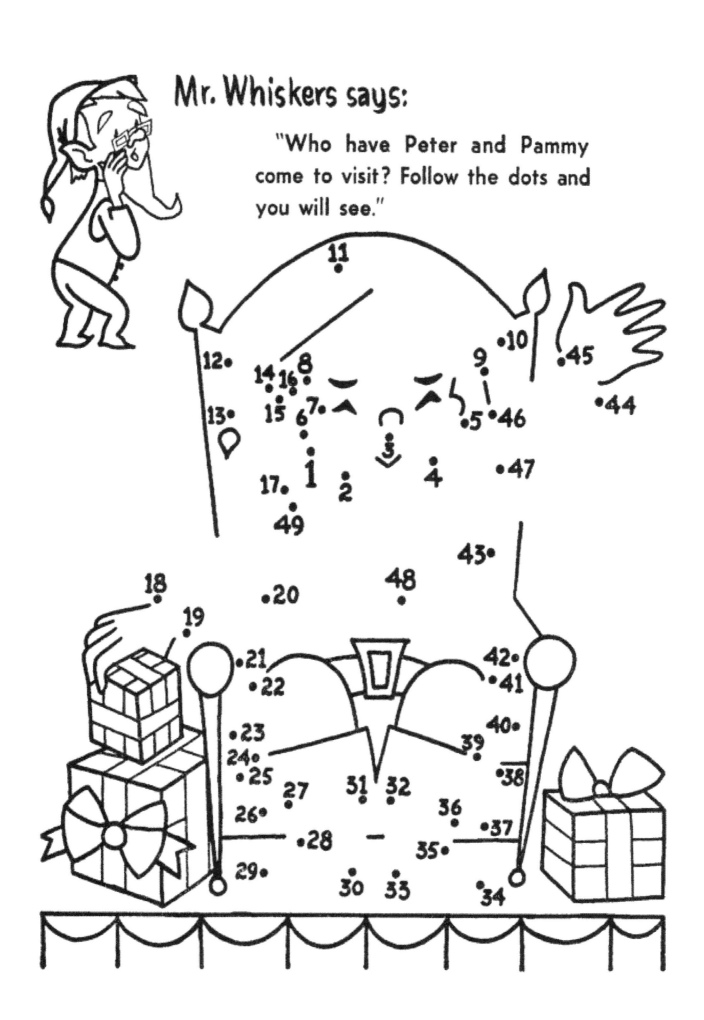

CHRISTMAS WORD SEARCH

```
d e e g s a n t a k l q r t g b e l f c f v c
b v s x z d v y n r w l p i q d g i f t s c v
u c a n d y o n o r t h p o l e i k l p z a r
r f v w q n s p c r f t a w c i f v n w r i l
s l e i g h i w l v w i a d e v l c b i o p l l
f v c d f r s w e c v h t o y s v f w a v t j
f v w r u d o l f d w a c f a c f v t g s x l
o p s w a e r p i t r e e d f v a y b n h l i
c o o k i e s f d w a d c c z a u i k l i b o
v f w q a s e d g i v i n g s w d a y g h z
```

Can you find these words?

Santa - Cookies - North Pole - Gifts
Candy - Sleigh - Toys
Tree - Giving - Rudolf

Christmas Lights Maze

Guess Who?   Join the Dots

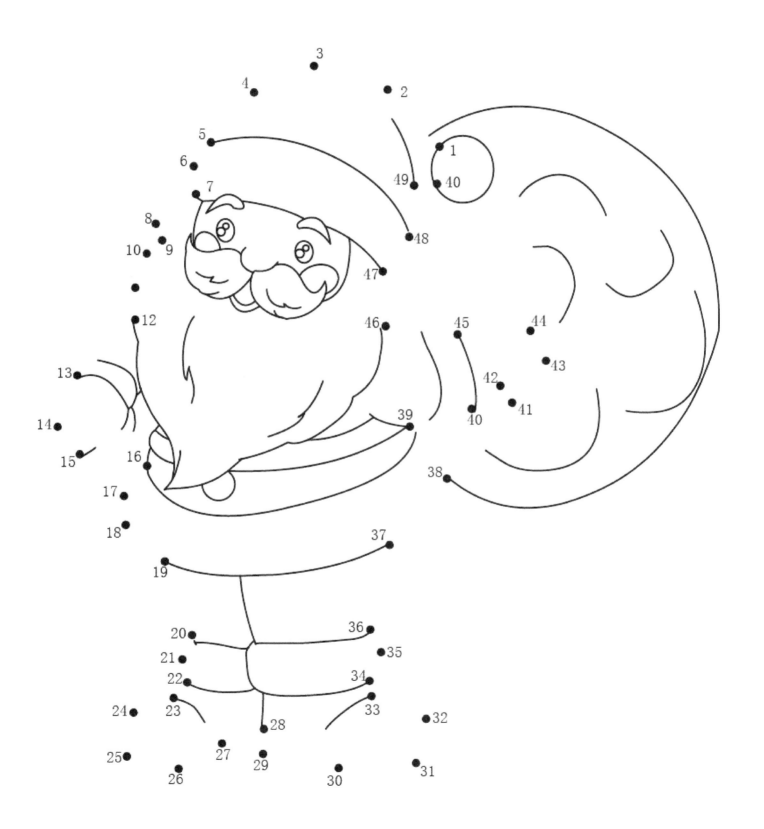

Name _____

Christmas

```
t y q k e n y r o y h o
a b h u t e r b d a c s
s e s w a d d l i n g h
w t g r q o y u h g n e
s h e m r n d r k e u p
a l s a f k c b h l t h
v e l n j e s u s s b e
i h c g l y a r i p a r
o e c e q x j o y w b d
r m a r y s q y w v y s
a w q b z j o s e p h e
q h j k l u y t r e w z
```

angels   Jesus   Mary
baby   Joseph   Savior
Bethlehem   Joy   shepherds
donkey   manger   swaddling

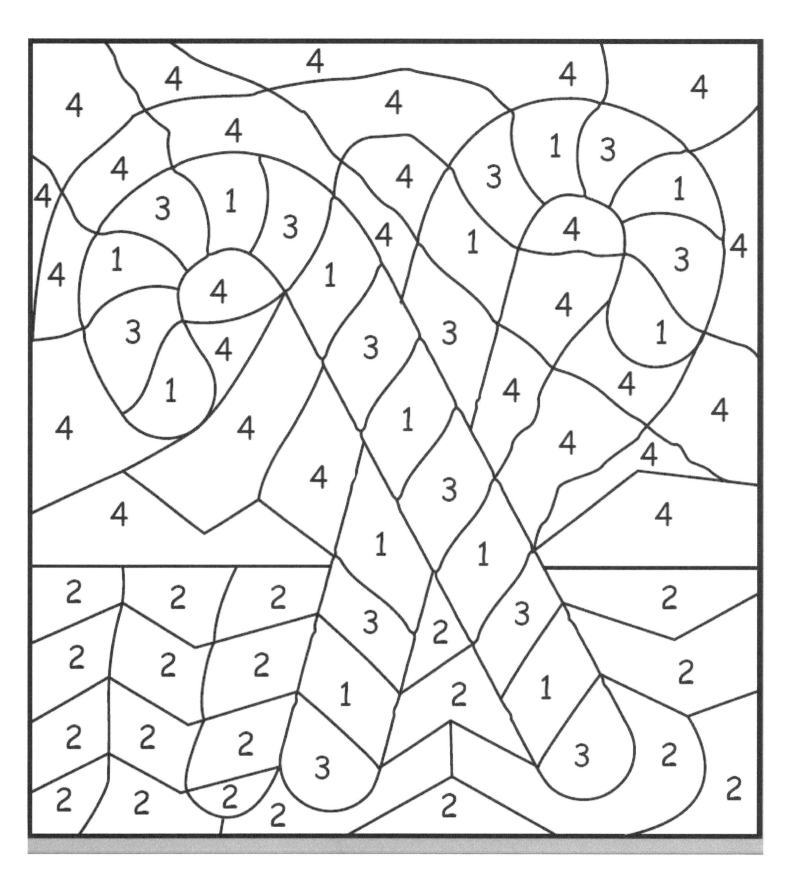

Help Santa get to Rudolf through the Maze

Can you Spot the Difference? There is 8 in total!!

Alphabet -- Join the Dots

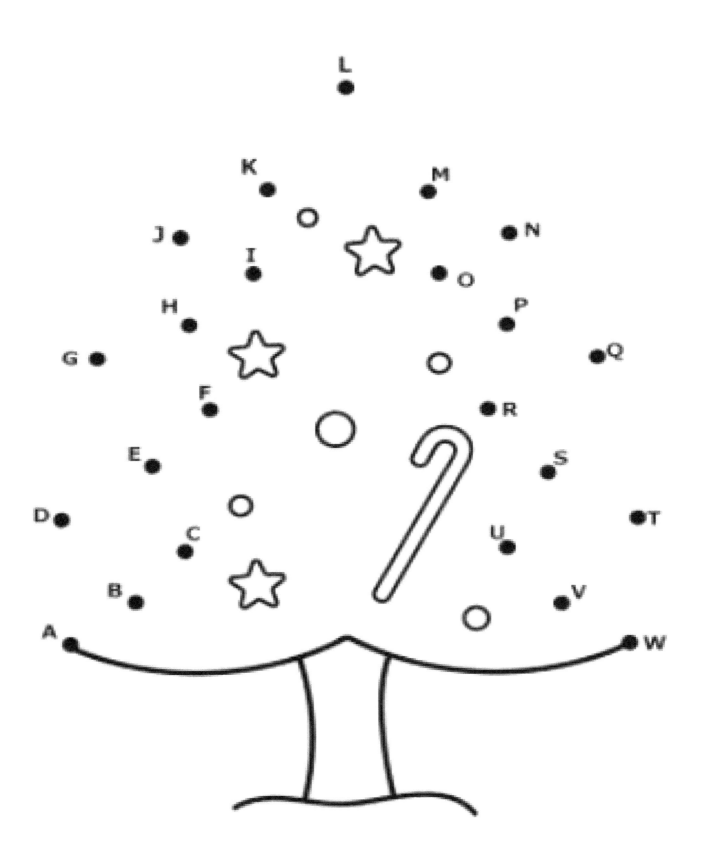

Angel in Christmas Play

Help Santa find the missing Gifts

Can you Spot the Difference? There is 10 in total!!

CHRISTMAS WORD SEARCH

```
A S P W O E C M S Y O T A
C H R I S T M A S T R E E
T O E N T A E J I N N G L
A Y F S N O W A K H A E E
J A S K W R I L L Y M I S
B I A T C L N R E N E P R
L I N G A Y T M L F N F H
S A T G P R E S E N T S O
N T A N L F R W H E S L L
O P C X R E I N D E E R L
W I L E J N B F S T I C Y
M C A O O W R E A T H K Y
A E U T M I S T L E T O E
N E S A S C A N D L E R U
W R E J A C K F R O S T A
```

WREATH	SANTA CLAUS	HOLLY
JINGLE BELLS	MISTLETOE	REINDEER
PRESENTS	CHRISTMAS TREE	SNOWMAN
ORNAMENTS	WINTER	JACK FROST
SNOW	CANDLE	STAR

Can you Spot the Difference? There is 12 in total!!

Join the Dots ....

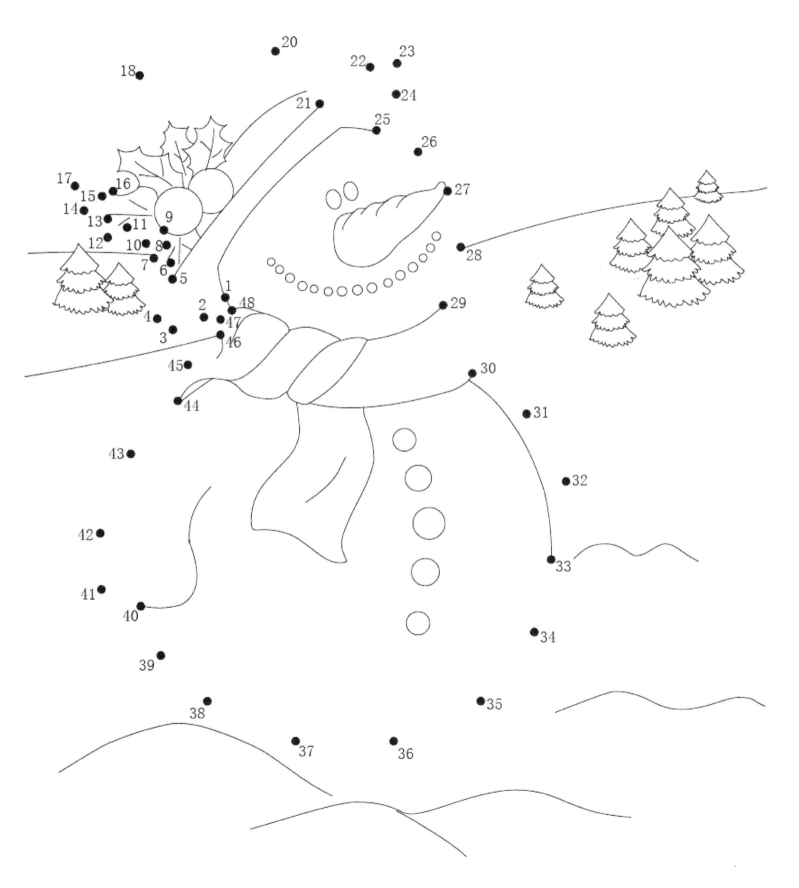

Christmas Word Search

S	A	A	T	A	Q	P	M
W	Q	Q	U	B	L	R	E
X	V	U	P	S	D	E	L
L	M	H	I	O	P	S	F
H	T	R	E	E	V	E	P
Z	C	B	I	E	H	N	O
L	I	G	H	T	S	T	J
M	C	J	S	T	O	Y	A

1. Toy
2. Present
3. Lights
4. Elf
5. Santa
6. Tree

Color-by-Number Christmas Reindeer

1 - TAN	2 - BROWN	3 - BLACK
4 - RED		

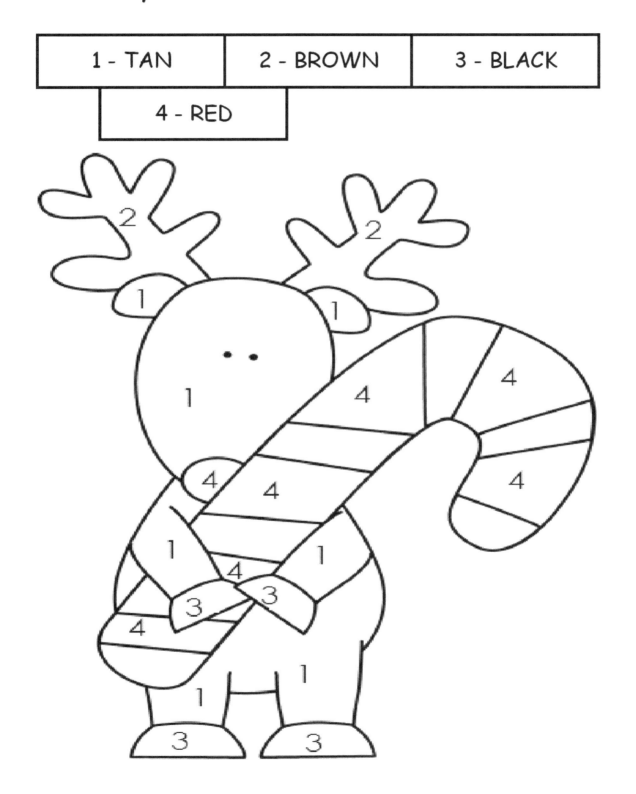

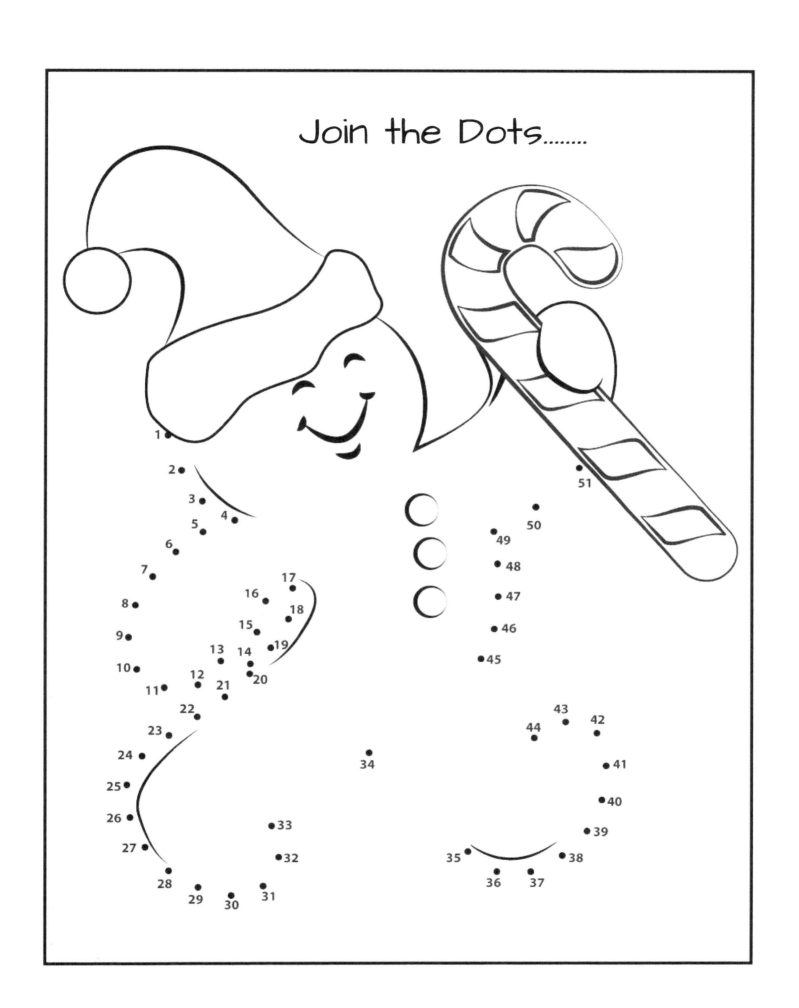

Printed in the USA
CPSIA information can be obtained
at www.ICGtesting.com
LVHW060540031224
798164LV00043BA/1815